IL MONDO DEI DINOSAURI

INCONTRI INCREDIBILI CON I DINOSAURI ESTINTI DEL NOSTRO PIANETA

ARCHIE BLACKWELL

SOMMARIO

IMMAGINATE IL MIO STUPORE quando, parecchi anni fa, ho scoperto che il mio bisnonno Edward Blackwell era stato un cacciatore di fossili nel West americano. Mio padre era morto da poco e, quando ho trovato numerosi diari nascosti nella sua soffitta polverosa, non potevo credere ai miei occhi. Erano gli scritti di Edward: per me è stato uno shock, dato che mio padre non aveva mai parlato di lui, e in qualche modo ho percepito che intorno al suo nome aleggiava un segreto oscuro e disonorevole.

Ho esaminato con passione quelle vecchie pagine ingiallite e ho scoperto che erano zeppe di resoconti vividi dell'epoca in cui Edward era andato in cerca di ossa, tra gli anni '70 e '80 del XIX secolo. All'epoca l'America era pervasa dall'eccitazione per le spettacolari scoperte dei dinosauri, e Edward, studente appassionato, aveva avuto la fortuna di fare da assistente al grande esperto di fossili Othniel Charles Marsh.

Tuttavia, mentre passavo da un taccuino all'altro, la faccenda ha iniziato a turbarmi. A quanto pare, l'"hobby" di Edward si era trasformato in una passione totalizzante. Sempre più ossessionato dalle incredibili creature rinvenute negli antichi strati di roccia, aveva iniziato a trascorrere settimane da solo sul campo. I suoi diari parlano del ritrovamento di un enorme dente simile a un pugnale nel Montana; invece di condividere la sua scoperta con i colleghi, si lasciò consumare dal desiderio di portare allo scoperto altri fossili che avrebbero dimostrato che il dente apparteneva a un predatore davvero mastodontico.

Nel disordine della soffitta di mio padre ho trovato lettere personali della moglie e dei dottori di Edward. Queste lettere sembravano suggerire che fosse diventato molto instabile. Le annotazioni scarabocchiate nei suoi diari indicano che facesse sogni terribili, visioni in cui si trovava da solo in un terrificante mondo preistorico. Arrivò a credere di aver davvero visto un mostruoso dinosauro di cui stava cercando le ossa e, come posseduto, passava ogni momento che poteva alla ricerca di altri resti.

Mi sono impegnato a scoprire tutto quello che potevo sul mio bisnonno, e sono venuto a sapere che la sua è una storia di infinita tristezza. A mano a mano che la sua presa sulla realtà si allentava, Edward finì per essere internato in un manicomio. Le cartelle cliniche descrivono la sua discesa verso la pazzia, la sua folle convinzione di aver vissuto con i dinosauri. Ma c'è di più. Sì, perché una mattina del 1894 Edward fuggì dalle costrizioni fisiche che lo trattenevano e, a quanto pare, scomparve nel nulla. La sua storia fu dimenticata, insabbiata dalla famiglia che non vedeva l'ora di nascondere la vergogna della sua malattia mentale.

Negli ultimi anni sono stato ossessionato dalla storia di Edward e dal mistero della sua strana scomparsa. Questo libro è un omaggio al mio antenato perduto e al mondo ormai scomparso che lo ha tanto affascinato. Troverete diversi estratti dei diari di Edward, non perché questi scritti aggiungano peso scientifico al libro, ma perché vengono da un periodo in cui il mondo fu scosso dalla scoperta di mostri mai immaginati prima.

Archie Blackwell

– Boulder, Colorado

Cos'era quella creatura che mi inseguiva furtivamente? Sentivo i suoi passi da dietro gli alberi. Le foglie frusciavano, un bastone si è spezzato, ma per il resto la foresta era tranquilla. Mentre mi sforzavo di vedere in quella luce cupa, improvvisamente mi sono accorto di due occhi che scintillavano sopra di me. A quel punto un brontolio terrificante ha riempito l'aria e zanne appuntite hanno scintillato nell'ombra; sembrava davvero di guardare nelle fauci della morte...

UN ESTRATTO DEL DIARIO DI EDWARD BLACKWELL,
DATATO 6 LUGLIO 1892

Un Mondo Perduto

Forse è stato un sogno, perché mi è sembrato di trovarmi nel cuore di un mondo perduto. Anche se non potevo saperlo, la Terra sembrava vasta e incontaminata, un luogo incolto e selvaggio senza uomini né civiltà. Dappertutto cresceva una strana vegetazione, felci e folti boschetti di alberi simili a palme. Allarmato dal rumore di un lento battito d'ali, ho alzato gli occhi e ho visto una creatura come non ne avevo mai viste. Molto più grande di un uccello, aveva curiose ali di pipistrello e piccoli denti affilati che scintillavano nelle lunghe mascelle. Poi, all'improvviso, mi sono accorto di un rumore sordo in lontananza. Spaventato, mi sono accovacciato e mi sono messo in ascolto: il tonfo di quei passi pesanti si è fatto sempre più forte, finché la terra non ha cominciato a tremarmi sotto i piedi...

UN ESTRATTO DEL DIARIO DI EDWARD BLACKWELL,
DATATO 4 DICEMBRE 1889

DOMINATORI della TERRA

E CIRCA 230 milioni di anni fa si ebbe la comparsa di uno straordinario gruppo di animali. Si chiamavano dinosauri e avevano caratteristiche che li rendevano molto diversi gli uni dagli altri. I giganteschi erbivori, alti come edifici di cinque piani, brucavano pacificamente le cime degli alberi, mentre i colossali carnivori, con potenti zanne affilate come rasoi, spargevano il terrore sulla terra; infine, i predatori piumati, grandi come polli, attraversavano sfrecciando i paesaggi giurassici.
I dinosauri dominarono il nostro pianeta addirittura per 160 milioni di anni, poi improvvisamente quasi tutti scomparvero. Un gruppo, però, sopravvive ancora oggi: gli animali che chiamiamo uccelli.

L'Alba dei Dinosauri

I dinosauri erano uno dei tipi di rettili che vissero durante l'era mesozoica ("l'età dei rettili"), all'incirca da 250 a 65 milioni di anni fa. Dominavano la terra e, come i rettili moderni, avevano denti, lunghe code e zampe dotate di artigli. Oggi sappiamo che in alcuni la pelle squamosa era sostituita da piume. A differenza di altri rettili, che distendevano le zampe posteriori lateralmente, i dinosauri le tenevano in verticale direttamente al di sotto del corpo. Questa importante caratteristica significava che erano in grado di muoversi più rapidamente e potrebbe essere il motivo per cui sono stati così longevi.

SOPRA
Come tutti i dinosauri, il deinonico *si muoveva stando in posizione eretta.*

A SINISTRA
Il Proterosuco, *un rettile preistorico, camminava con le zampe all'infuori.*

Dinosauri viventi

Oggi la maggior parte degli scienziati concorda nel dire che gli uccelli si sono evoluti a partire da piccoli dinosauri carnivori. Nel 1861, in una cava in Germania fu rinvenuto un eccezionale fossile, che rivelò una creatura giurassica nota come Archeotterige ("ala antica"). Spesso ritenuto il primo uccello mai esistito, l'archeottérige aveva piume per volare, e becco e zampe simili a quelli degli uccelli. Aveva però anche caratteristiche tipiche dei dinosauri, come denti, dita e artigli.

Nel 1996 alcuni scienziati cinesi hanno portato alla luce il Sinosaurotterige ("prima lucertola cinese con le ali"), un dinosauro il cui corpo era coperto di peluria. Altre emozionanti scoperte hanno dimostrato che alcuni dinosauri come il feroce e carnivoro Velociraptor ("ladro veloce") erano piumati. Queste primitive strutture simili a piume erano probabilmente usate per tenere il corpo al caldo, mentre le piume usate per volare e per mettersi in mostra si svilupparono più tardi.

A DESTRA *L'Archeotterige è il più antico uccello di cui siano stati rinvenuti i fossili.*

SOPRA *Oggi gli scienziati sanno che il piccolo e temibile predatore Velociraptor aveva le piume.*

A DESTRA *Il Sinosaurotterige è stato il primo dinosauro piumato mai scoperto.*

BAROSAURO

Un branco di *Barosauri* ("lucertole pesanti") passeggia in una pianura di quella che oggi chiamiamo America del Nord. Questi enormi dinosauri del Giurassico superiore erano lunghi fino a 28 m e avevano una stretta parentela con il più noto *Diplodoco*.

Il loro collo lunghissimo faceva sì che potessero raggiungere le cime degli alberi per nutrirsi, mentre è probabile che usassero la potente coda simile a una frusta per scacciare i predatori.

IL PIANETA DEI DINOSAURI

IMMAGINATE la Terra durante il periodo Triassico, 230 milioni di anni fa. Il clima è molto più caldo rispetto a oggi e la superficie del pianeta è ricoperta di deserti e strana vegetazione. Non ci sono fiori né erba. Invece di cinque continenti, il mondo è costituito da un'immensa distesa di terra chiamata Pangea ("tutta la terra"), circondata da un unico oceano gigantesco, la Panthalassa ("tutto il mare"). L'Eoraptor ("cacciatore dell'alba") è uno dei primi dinosauri conosciuti: questa creatura grande come una volpe si sposta su due zampe, afferrando lucertole e altre piccole prede con quelle anteriori.

SOPRA L'Eoraptor *è uno dei primi dinosauri ad aver messo piede sulla Terra.*

SOTTO *I tre periodi dell'era mesozoica (250-65 milioni di anni fa).*

PERIODO TRIASSICO	PERIODO GIURASSICO	PERIODO CRETACEO
250–199 MILIONI DI ANNI FA	199–145 MILIONI DI ANNI FA	145–65 MILIONI DI ANNI FA

Un Mondo che cambia

Verso la fine del periodo Triassico, la Pangea iniziò a rompersi. Per milioni di anni i continenti si allontanarono, andando gradualmente a formare i territori che conosciamo oggi. Con i cambiamenti climatici, anche il paesaggio dei dinosauri si modificò. Durante il periodo Triassico, la Terra era ricoperta di felci, cicadee e alberi di ginkgo. Più avanti, nel periodo Giurassico, nelle zone secche spuntarono enormi foreste di conifere e vicino all'acqua crebbero boschetti di cicadee. Le angiosperme fecero la loro comparsa nel periodo Cretaceo, diventando presto la principale forma di vita vegetale.

SOPRA *Nel tempo, la Pangea si ruppe e formò i continenti che conosciamo oggi.*

A SINISTRA *Fossili di felce del Triassico (in alto) e di una foglia di ginkgo (al centro) a confronto con una foglia di ginkgo moderna (in basso).*

SPINOSAURO

Forse il più grande predatore ad aver mai abitato la Terra, lo Spinosauro ("rettile spinoso") visse nell'odierna America del Nord, dentro o vicino all'acqua a caccia di pesce. Con le sue lunghe fauci simili a quelle di un coccodrillo e i suoi denti aguzzi infilzava senza difficoltà prede viscide, pur essendo abbastanza grande da riuscire a catturare anche dinosauri più piccoli di lui.

La larga pinna sul dorso serviva probabilmente a controllare la temperatura corporea, oltre che come mezzo per attrarre una compagna nella stagione riproduttiva.

UN MONDO CONDIVISO

PER QUANTO i dinosauri fossero le creature terrestri dominanti durante l'era mesozoica, condividevano il pianeta con altri esseri. In alcuni casi, oggi sono veri e propri sopravvissuti: tartarughe e coccodrilli comparvero per la prima volta nel periodo Triassico, mentre i primi squali risalgono a più di 420 milioni di anni fa! I mostruosi rettili oggi estinti dominavano i mari, mentre altri predatori alati noti come Pterosauri si alzavano in volo sopra i dinosauri.

SOPRA *Lo* Pterodattilo *("dalle dita alate") fu il primo pterosauro mai scoperto.*

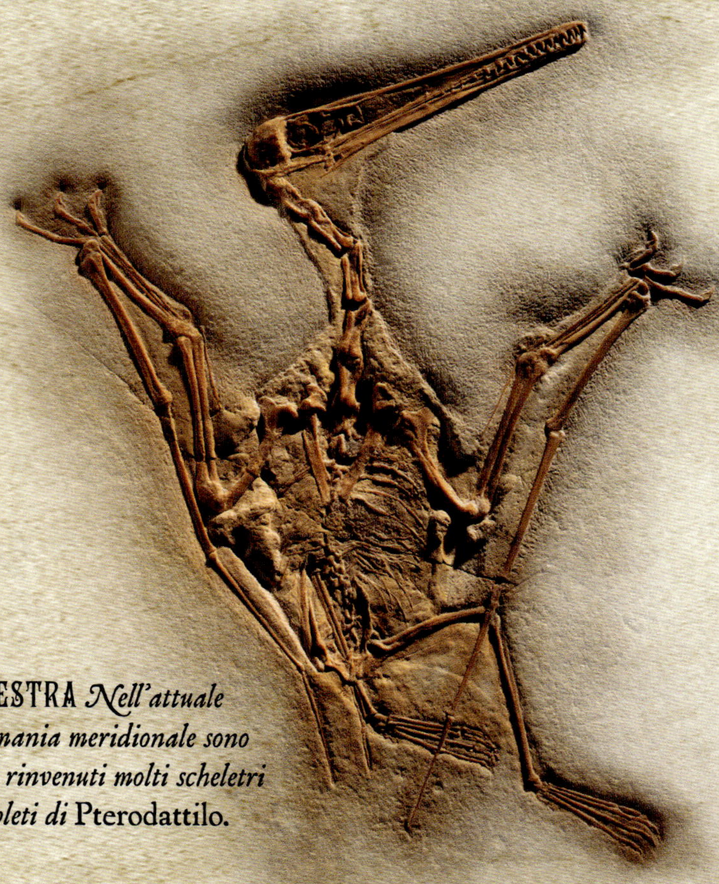

A DESTRA *Nell'attuale Germania meridionale sono stati rinvenuti molti scheletri completi di* Pterodattilo.

Lucertole Alate

Gli Pterosauri ("lucertole alate") erano rettili volanti con ali simili a quelle dei pipistrelli. Strettamente imparentati con i dinosauri, le loro dimensioni potevano variare di molto: alcuni, come il giurassico Anurognato ("senza coda e fauci") erano grandi come passeri, altri avevano le dimensioni di un piccolo aeroplano. Il potente Quetzalcoatlo, che prende il nome dalla divinità azteca Quetzalcoatl, seguiva le correnti nei cieli del Cretaceo superiore con un'incredibile apertura alare di 11 m.
Gli Pterosauri avevano ossa leggere e cave e ali coriacee che si estendevano dal quarto dito allungato fino ai fianchi del corpo. Nella maggior parte dei casi si cibavano di pesce, anche se, forse, alcuni catturavano insetti o animali morti. Verso la fine del loro regno, rimasero solo gli Pterosauri più grandi, dato che i primi uccelli si contendevano con loro il dominio dei cieli.

A DESTRA *Le imponenti fauci del predatore marino* Mosasauro.

Le Fauci implacabili degli abissi

Tra le onde dei mari antichi si nascondevano alcuni rettili davvero terrificanti. I Mosasauri ("lucertole del fiume Mosa") del Cretaceo superiore erano tra i più temibili cacciatori delle acque preistoriche. Lunghi 15 m, questi predatori simili a coccodrilli nuotavano piano con il loro lungo corpo serpeggiante, ma erano anche in grado di accelerare con rapidità per tendere agguati alle vittime prescelte con le loro terribili fauci selvagge. Il Liopleurodonte ("dai denti con lati levigati") era un enorme predatore dotato di una grossa testa e un collo corto. Questa creatura usava le sue quattro zampe a forma di pinne per attraversare i mari del Giurassico medio e aveva immense e poderose fauci con denti affilati come rasoi, che affondava nelle sue prede.

SOTTO *Il* Liopleurodonte *serra la vittima prescelta nelle sue potenti fauci.*

«Il Plesiosauro ha una testa di lucertola, denti da coccodrillo, un collo con 41 vertebre e un corpo che assomiglia a quello di un serpente... le costole di un camaleonte e le pinne di una balena.»

RICHARD OWEN, ESPERTO DI FOSSILI, DESCRIVE UN PLESIOSAURO NEL 1840

RICHARD OWEN

LIOPLEURODONTE

Il mortale Liopleurodonte banchetta con un *Ophthalmosaurus*, rettile marino del periodo Giurassico superiore simile a un delfino. Il Liopleurodonte raggiungeva la lunghezza di 10 m ed era più grande di un'orca. Questo mostruoso predatore fu molto longevo e seminò il terrore nei mari preistorici per quasi 10 milioni di anni.

REPERTI FOSSILI

SOPRA *Un coprolite, o sterco fossile, fornisce indizi fondamentali su cosa mangiassero i dinosauri.*

SENZA i fossili, non sapremmo nulla dei dinosauri e delle incredibili creature che popolavano il mondo insieme a loro. La maggior parte dei dinosauri si è decomposta o consumata senza lasciare traccia, e solo una minuscola percentuale si è fossilizzata. Oltre ai fossili di ossa, denti e zanne (e, molto di rado, di parti molli come la pelle), le impronte fossili di zampe e denti forniscono indizi fondamentali sui dinosauri e sul loro modo di vivere.

Dinosauri sotto indagine

Dopo aver estratto dalla terra le ossa fossilizzate, comincia la sfida del rimetterle insieme. È raro ritrovare scheletri interi, e gli esperti di fossili (i paleontologi) svolgono un grande lavoro di indagine per mettere insieme ossa sparse. Devono capire il modo in cui il dinosauro stava in piedi e portava il proprio peso. Un aiuto è dato da test di ingegneria effettuati su modelli di dinosauri; per esempio, la coda deve controbilanciare la testa e il collo.

A SINISTRA *Alcuni paleontologi lavorano meticolosamente per estrarre un enorme fossile di dinosauro da una parete di roccia.*

A DESTRA *Queste impronte fossili, scoperte in Spagna, appartengono a un dinosauro carnivoro del Giurassico.*

Una finestra su un Mondo perduto

I fossili di ossa rivelano l'aspetto dei dinosauri, mentre le impronte fossili ci dicono qualcosa sul comportamento di queste creature. Possono indicare se un dinosauro camminava su due o quattro zampe, se viveva in gruppo e a che velocità si spostava. Gli escrementi fossili, o coproliti, possono rivelare cosa mangiavano. Nel 1998 in Canada è stato scoperto un enorme coprolite, che si pensa appartenesse a un *Tyrannosaurus rex* ("re tiranno"). Conteneva quelli che sembrano frammenti del collare osseo di un giovane triceratopo.

SOPRA *Questo scheletro appartiene a un* Claosaurus *("lucertola rotta"). Il nome fa riferimento al disordine in cui i fossili furono rinvenuti nel 1872.*

SOTTO *I fossili si formano quando acqua e minerali filtrano tra gli antichi strati di sedimenti che ricoprono il corpo di un animale morto, trasformandolo in roccia.*

Come si formano i Fossili

Quando un animale muore, i tessuti molli cominciano a putrefarsi, mentre le parti dure come ossa e denti resistono molto più a lungo. Perché possano fossilizzarsi, devono essere coperte entro breve da sedimenti come sabbia o fango. Nel tempo, sull'animale morto si depositano sempre più strati. Nel corso di milioni di anni, l'acqua e i minerali che filtrano tra gli strati e i resti dell'animale li trasformano in roccia.

PACHYPLEUROSAURUS

Il *Pachypleurosaurus* ("lucertola dalle costole fitte") è un rettile marino che visse nel Triassico medio nelle attuali Svizzera e Italia. Caratterizzato da un lungo corpo muscoloso, un collo sottile e una testa minuscola, questo piccolo rettile (lungo 30-40 cm) usava gli arti come remi, sfrecciando nelle acque basse in cerca di crostacei. Ne sono stati rinvenuti diversi esemplari a Monte San Giorgio in Svizzera, una ricca fonte di creature fossili del periodo Triassico.

Il primo ritrovamento

È PROBABILE che i ritrovamenti di ossa di dinosauro siano iniziati migliaia di anni fa. Le antiche leggende che circondano creature mitiche come i draghi potrebbero benissimo essere legate alla scoperta di fossili di dinosauro. Tuttavia, fu solo nel 1824 che William Buckland descrisse scientificamente il primo dinosauro a partire da una mandibola fornita di zanne e altri resti: si trattava del Megalosauro ("lucertola gigante"), predatore del Giurassico. Nel 1842, Richard Owen coniò il termine dinosauro ("terribile lucertola") per indicare un gruppo di grandi rettili estinti.

SOPRA *Un martello in pietra, essenziale per un cacciatore di fossili.*

A DESTRA, NELLA PAGINA ACCANTO *Il calibro, usato per misurare i fossili.*

SOTTO *La mandibola di un* megalosauro, *descritto per la prima volta da William Buckland nel 1824.*

«Queste storie sembrano fiabe, ma non vi chiedo indulgenza affinché le crediate vere. I mostri sono davanti a voi e sfido la vostra credulità di fronte a questi esemplari: rifiutate di credere, se ne siete capaci.»

WILLIAM BUCKLAND, PALEONTOLOGO, DESCRIVENDO UN MEGALOSAURO NEL 1824

WILLIAM BUCKLAND

ANATOMIA

Ho percepito un movimento tra le rocce, il profilo di diverse bestie che avanzavano pesantemente facendosi sempre più vicine. I loro passi producevano un rumore indescrivibile, facevano quasi tremare la Terra, e nell'aria ferma risuonavano versi inquietanti simili a muggiti. Molte volte ho provato a immaginare una scena simile, ma nulla avrebbe potuto prepararmi alla grandezza e all'incredibile anatomia di quelle creature. I loro corpi erano come enormi barili con colli da serpente e strane, piccole teste. Come pilastri colossali, le zampe, lunghe forse il doppio di me, sostenevano la loro grandiosa mole. L'immensa coda si allungava dietro di loro, sbattendo da lato a lato e schioccando come una frusta…

UN ESTRATTO DAL DIARIO DI EDWARD BLACKWELL,
DATATO 16 DICEMBRE 1889

QUESTIONE di DIMENSIONI

SOTTO L'Argentinosaurus *avrebbe sovrastato quasi tutti gli altri dinosauri.*

ANCHE SE potevano essere di dimensioni sorprendentemente diverse, è indubbio che alcuni dinosauri fossero dei veri colossi: gli enormi Sauropodi erano più lunghi, più alti e più pensanti di qualunque creatura mai apparsa da allora sulla Terra.

Con un peso di 80 tonnellate (l'equivalente di 14 elefanti maschi), l'*Argentinosaurus* ("lucertola argentina") è uno dei più grandi dinosauri di cui gli scienziati abbiano conoscenza. Tuttavia, alcuni allettanti reperti fossili indicano la possibilità di creature anche più grandi. Dell'Anficelia ("doppiamente cavo") è stato rinvenuto un solo osso, poi andato perduto, ma si è calcolato che questa creatura colossale potesse pesare come 25 elefanti!

SOTTO *Le dimensioni dei dinosauri, paragonate a quelle umane.*

Piccoli e cattivi

All'altro estremo c'era uno dei dinosauri più piccoli, il Compsognato ("graziosa mascella"), del Giurassico superiore. Mentre i giganti erbivori brucavano pacificamente le cime degli alberi, questo agile cacciatore grande come un pollo andava in cerca di prede sulla terra. Afferrava le sue vittime con gli artigli, poi le faceva a pezzi con i denti affilati o le inghiottiva intere. Ancora più piccolo era il Microraptor ("piccolo ladro"), un dinosauro del Cretaceo inferiore, grande come un corvo. Anche se non sapeva volare, questa creatura alata aveva le piume e probabilmente viveva sugli alberi, arrampicandosi di ramo in ramo e cibandosi di piccoli animali, per esempio lucertole.

SOPRA *Un fossile di* Compsognato, *con denti affilati e zampe dotate di artigli.*

A DESTRA *Il* Microraptor, *grande come un corvo, è uno dei dinosauri più piccoli mai conosciuti. Era dotato di piume ma non sapeva volare.*

SOTTO *Questo minuscolo scheletro di* Mussaurus *("lucertola topolino") è in realtà quello di un cucciolo. Un Mussaurus adulto poteva probabilmente raggiungere una lunghezza di 3 m.*

CRIOLOFOSAURO

Il Criolofosauro ("lucertola dalla cresta congelata") visse nell'attuale Antartide nel periodo Giurassico inferiore. Questo spaventoso predatore era lungo oltre 6 m e sopra gli occhi aveva una cresta ossea molto insolita che, non essendo abbastanza forte per essere usata nei combattimenti, serviva con ogni probabilità nel rito dell'accoppiamento.

TESTE e CORNA

I DINOSAURI erano di ogni forma e dimensione, e molti avevano bizzarre proiezioni ossee. Le teste dei giganteschi erbivori, grandi come mucche, erano minuscole se paragonate ai loro corpi enormi, mentre i crani più grandi appartenevano ai dinosauri dotati di corna, molto più piccoli. Il pentaceratopo ("muso con cinque corna") aveva la testa più grande. Lunga 3 m, era costituita in gran parte da un collare osseo che si estendeva sul dorso, usato probabilmente per mettersi in mostra e difendersi. Il cranio del *Pachycephalosaurus* ("rettile con la testa spessa") era quello con lo spessore maggiore, dotato di una calotta ossea straordinariamente solida. Non era abbastanza forte per i combattimenti testa contro testa con i maschi rivali, ma la calotta poteva essere usata per speronare i predatori con una forza brutale.

Creste incredibili

Gli scienziati si sono a lungo interrogati sulle strane ed elaborate creste craniche di alcuni dinosauri. Il Parasaurolophus ("simile al Saurolophus") in cima al cranio aveva una cresta cava a forma di tubo. Sono state avanzate molte teorie sulla sua funzione: forse questo dinosauro la usava per farsi largo nella boscaglia, per rinfrescarsi o nel corteggiamento. È però più probabile che fosse una camera di risonanza per produrre suoni. Poteva emettere note basse di tromba per segnalare la presenza di cibo o acqua, o per allertare gli altri dinosauri sulla presenza di un predatore in agguato.

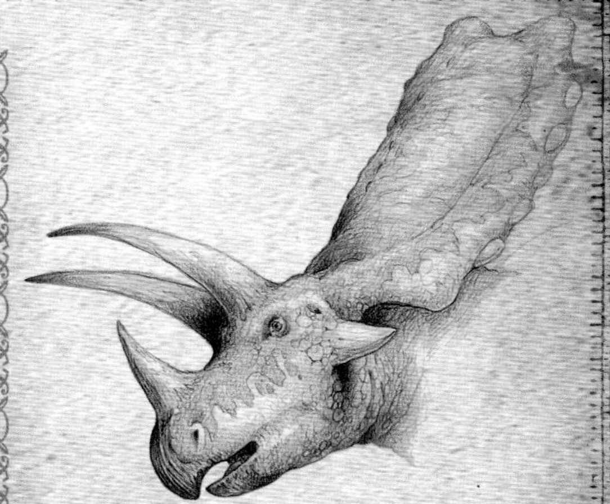

SOPRA *La poderosa testa di un* Pentaceratopo.

SOPRA *L'impressionante cresta di un* Parasaurolophus.

SOPRA *Un* Triceratopo *si scontra con il temibile* Tyrannosaurus rex.

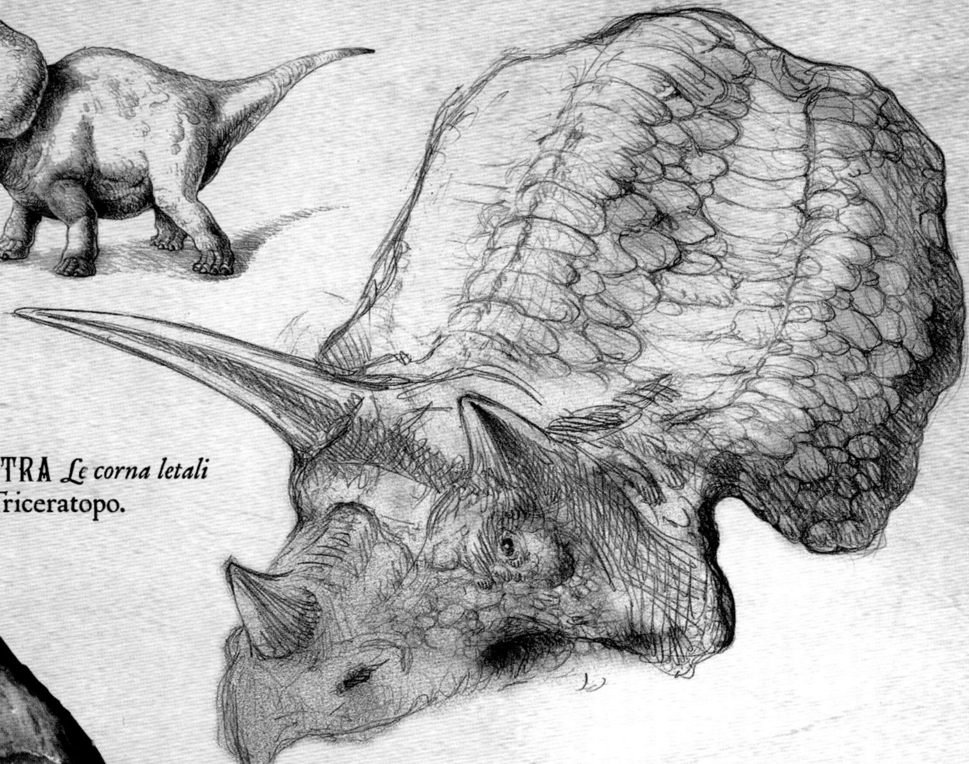

A DESTRA *Le corna letali di un* Triceratopo.

SOPRA *Il* Pachycephalosaurus *era il dinosauro con il cranio più spesso.*

Un Muso con tre corna

Il più noto dinosauro dotato di corna è il Triceratopo ("muso con tre corna"), caratterizzato da un naso corto e due corna minacciose sugli occhi. Probabilmente i Triceratopi caricavano predatori come il *Tyrannosaurus rex* allo stesso modo in cui oggi i rinoceronti caricano i nemici. Durante la stagione dell'accoppiamento, era probabile che i Triceratopi incastrassero le corna con quelle dei maschi rivali per affermare il proprio potere. Questa corna, in grado di lacerare la carne, si sono dimostrate letali armi da combattimento, e su molti crani e corna sono state scoperte cicatrici.

PELLE

In rari casi, insieme ai fossili di ossa di dinosauro si scoprono tracce di pelle conservate.

Questi incredibili ritrovamenti rivelano il disegno della pelle di alcuni dinosauri; per esempio, gli adrosauri avevano grosse squame da rettile, mentre i dinosauri corazzati come l'*Euoplocephalus* ("testa ben corazzata") erano dotati di placche ossee protettive. Come quella dei rettili odierni, la pelle dei dinosauri era dura, coriacea e impermeabile. Oggi sappiamo che molti predatori erano piumati, mentre alcuni avevano lunghi filamenti simili a peli. È possibile che anche i grandi dinosauri noti per la loro pelle squamosa avessero chiazze di piume o peli in alcune parti del corpo.

Dinosauri a colori

I veri colori delle diverse specie di dinosauri sono rimasti un mistero per molto tempo, ma nel 2010 gli scienziati sono stati in grado di rivelare la reale colorazione di un dinosauro. Il Sinosaurotterige era un piccolo carnivoro dotato di piume che visse in Cina 125 milioni di anni fa. Esaminando i microscopici dettagli dei suoi resti fossili, gli scienziati hanno scoperto che questa creatura aveva piume arancioni e rossastre lungo la testa e il dorso, e strisce bianche e arancioni lungo la coda. Queste piume e questi colori appariscenti servivano con tutta probabilità ad attrarre una compagna.

A DESTRA *Edmontosauro*

SOTTO Centrosauro
SOTTO Euoplocephalus
A SINISTRA Polacanthus
SOPRA Coritosauro

IN MOVIMENTO

I predatori carnivori, e molti dei rapidissimi dinosauri cui davano la caccia, correvano sulle zampe posteriori. I dinosauri più veloci avevano zampe lunghe e snelle con stinchi più lunghi delle cosce e piedi lunghi e stretti. La parte alta del corpo era tendenzialmente robusta, e le zampe anteriori corte. I dinosauri più lenti erano i colossali quadrupedi detti Sauropodi, come il Diplodoco. Mentre si spostavano adagio, la loro enorme mole era sostenuta da zampe simili a pilastri, anche se, come gli elefanti, erano capaci di muoversi con una certa rapidità in caso di bisogno.

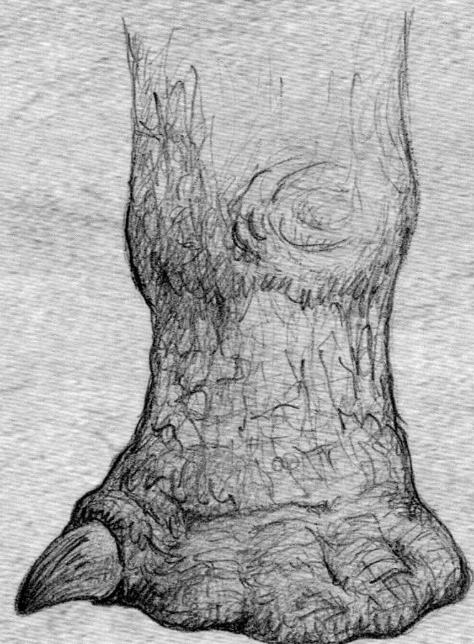

SOPRA *L'enorme zampa anteriore di un* Apatosauro *(o Brontosauro, "lucertola ingannatrice").*

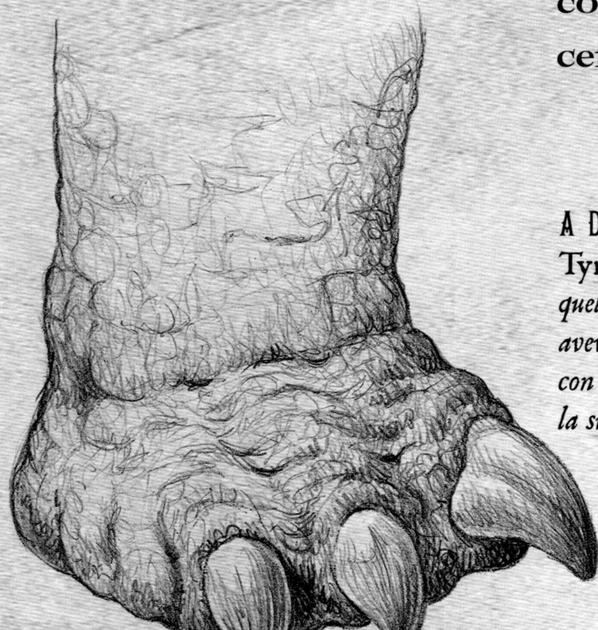

SOPRA *La zampa posteriore di un* apatosauro. *Come tutti i Sauropodi, questo dinosauro aveva zampe massicce che ne sostenevano il peso.*

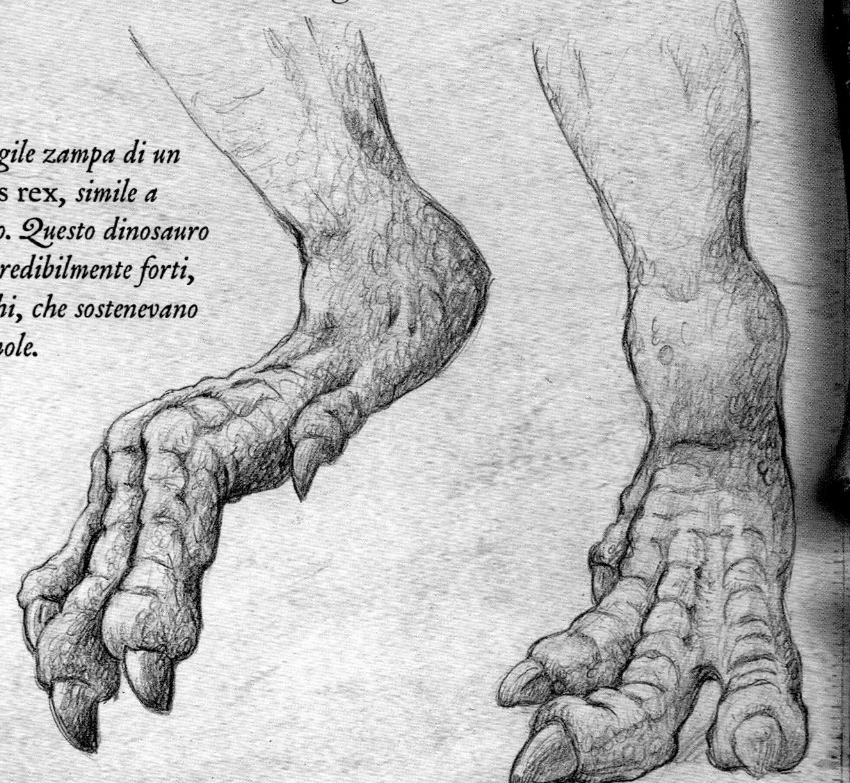

A DESTRA *L'agile zampa di un* Tyrannosaurus rex, *simile a quella di un pollo. Questo dinosauro aveva zampe incredibilmente forti, con lunghi stinchi, che sostenevano la sua possente mole.*

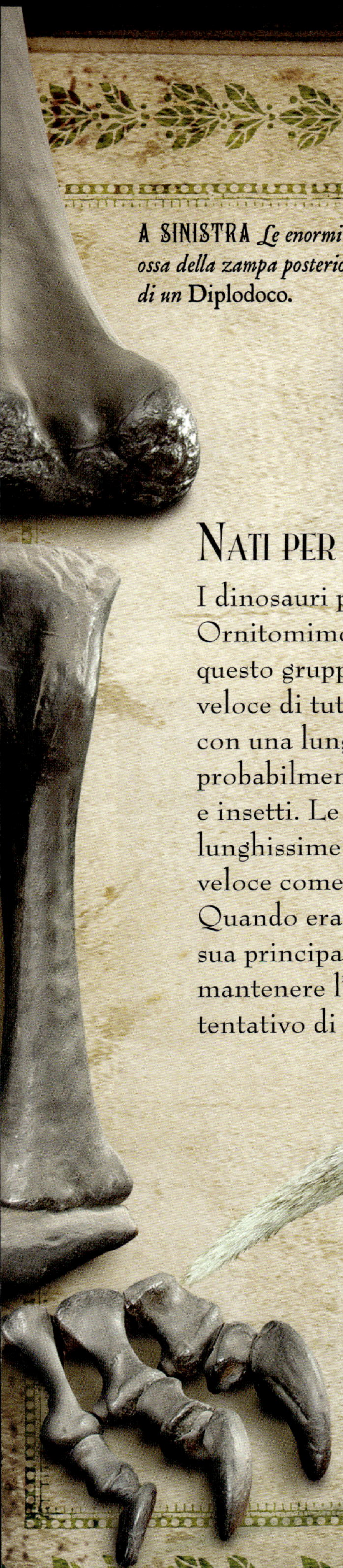

A SINISTRA *Le enormi ossa della zampa posteriore di un* Diplodoco.

SOPRA *Il lungo becco senza denti del* Gallimimus.

Nati per Correre

I dinosauri più veloci erano probabilmente gli Ornitomimosauri ("dinosauri-struzzo"). Il più grande di questo gruppo, il *Gallimimus* ("finto gallo") era forse il più veloce di tutti. Si trattava di una creatura dall'aspetto strano, con una lunga testa da uccello e un becco senza denti, che probabilmente si cibava di piante ma anche di piccoli animali e insetti. Le zampe posteriori erano atletiche, con ossa lunghissime e sottili. Probabilmente il *Gallimimus* correva veloce come uno struzzo, con passi potenti e martellanti. Quando era inseguito da un predatore, la velocità era la sua principale arma di difesa. La lunga coda lo aiutava a mantenere l'equilibrio quando svoltava improvvisamente nel tentativo di sfuggire alla morte.

A DESTRA *Il* Gallimimus, *simile a uno struzzo, era probabilmente il più rapido tra i dinosauri.*

IMPRONTE FOSSILI

Questa impronta appartiene a un dinosauro carnivoro che camminava lungo la riva di una laguna nell'attuale Texas circa 107 milioni di anni fa. L'impronta fa parte di una traccia scavata nel letto del fiume Paluxy.

Le orme fossili rappresentano per gli scienziati ricche fonti di informazioni sui dinosauri, per esempio su come si muovevano o sul fatto che vivessero in branchi o meno.

SOPRA L'artiglio di un *Velociraptor*, affilato come un rasoio.

SOPRA Un'unghia di *Deinonico*, a forma di falce.

ARTIGLI ASSASSINI

Gli artigli fossili rivelano molte informazioni sul modo di vivere del dinosauro che li possedeva. Alcuni erano smussati e innocui, utili per raschiare le piante e appoggiarsi a terra. Altri erano armi davvero letali, stretti e affilati come pugnali per fendere la carne o adunchi per bloccare una vittima che cercava di divincolarsi.

"Artiglio Terribile"

Il *Deinonico* ("artiglio terribile") era un predatore veloce e cattivissimo del periodo Cretaceo superiore. Il nome di questo dinosauro deriva dai suoi enormi artigli simili a falci sul secondo dito delle zampe posteriori. Anche se non si è ancora chiarito come venissero usati, è molto probabile che queste lame in grado di strappare la carne venissero conficcate nella pelle e nei muscoli delle vittime. Il Deinonico probabilmente teneva giù le sue prede con le potenti zampe anteriori e le mascelle, colpendole poi a morte con l'artiglio.

SOPRA Il pericoloso artiglio del *Tyrannosaurus rex*.

A SINISTRA L'enorme artiglio di un *Terizinosauro*.

Zampe a forbice

Il *Terizinosauro* ("rettile falce") è una delle creature più strane ad aver abitato la Terra. Aveva una testa piccola, un lungo collo e un corpo robusto, e il suo tratto più distintivo erano le zampe anteriori, dotate di tre giganteschi artigli, il più lungo dei quali misurava addirittura 70 cm. Gli artigli lo rendevano troppo goffo per attaccare altri animali e per questo era più probabile che venissero usati per raschiare piante e staccare rami, e forse anche per scacciare predatori come il temibile Tarbosauro.

CODE TERRIBILI

ALCUNI dinosauri possedevano un'arma davvero terrificante: una coda letale. Lo Stegosauro ("lucertola tetto") aveva quattro lunghe spine alla fine della coda, lunghe circa 70 cm l'una. Quasi sicuramente questo dinosauro le usava per difendersi, facendo oscillare la coda muscolosa per attaccare selvaggiamente predatori come l'Allosauro. La coda dell'Euoplocephalus ("testa ben corazzata") terminava con una massiccia mazza ossea, larga 60 cm. Se fatta oscillare lateralmente, questa struttura poteva colpire le zampe dei predatori, e facendoli cadere a terra con le ossa frantumate.

SOTTO *Gli* Apatosauri *potevano dare colpi con la loro coda incredibilmente lunga, producendo uno schiocco improvviso.*

UNO SCHIOCCO DI FRUSTA

L'incredibile coda serpeggiante degli Apatosauri è una delle più lunghe di cui si abbia notizia tra i dinosauri. Alcuni scienziati ritengono che questi e altri Sauropodi la usassero per difendersi, agitandola contro i predatori con colpi improvvisi della punta che producevano uno schiocco, forse abbastanza forte da dissuadere i predatori.

A DESTRA *Il fossile di una coda di* Anchilosauro.

A SINISTRA *La coda a forma di mazza dell'*Euoplocephalus, *in grado di frantumare le ossa dei nemici.*

A DESTRA *Le punte letali della coda di uno* Stegosauro.

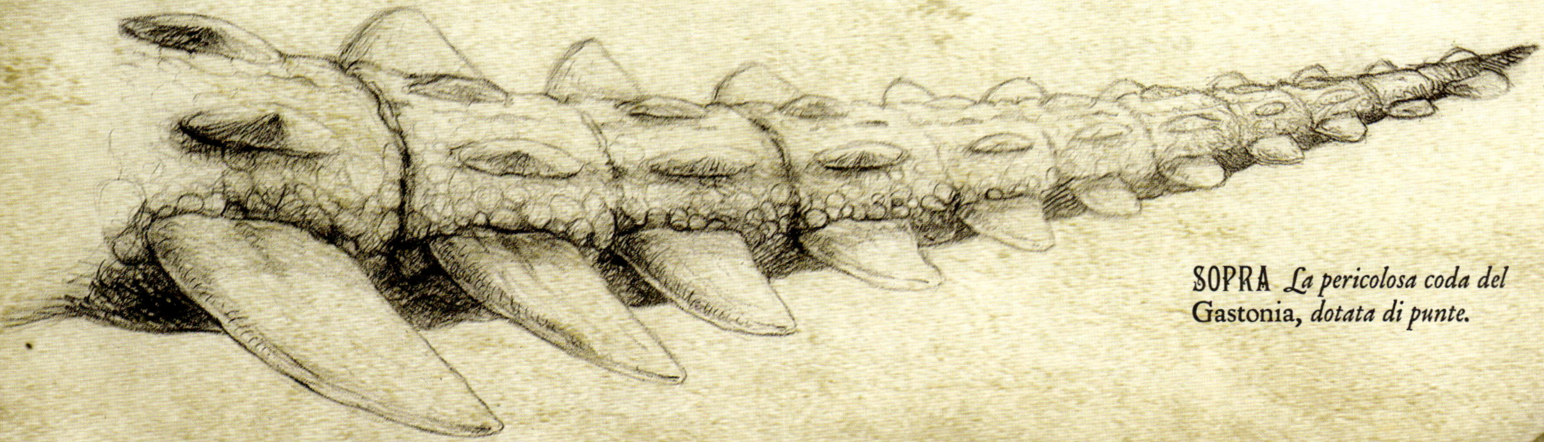

SOPRA *La pericolosa coda del* Gastonia, *dotata di punte.*

UN GRAN BOCCONE

Le fauci spalancate del *Tyrannosaurus rex* erano più grandi e più forti di quelle di qualsiasi altro dinosauro. Lunghe fino a 1,2 m, contenevano fino a 58 zanne a forma di proiettile, la più lunga delle quali misurava circa 15 cm. Questi denti leggermente curvi fendevano carne e ossa delle vittime, strappando enormi bocconi. Il feroce morso di questa creatura, con una potenza doppia rispetto a quella di un leone e forse cento volte più energica, fornisce prove evidenti del fatto che il *Tyrannosaurus rex* fosse davvero un cacciatore.

DENTI

Dai denti enormi e affilati dei grandi dinosauri carnivori, come il *Tyrannosaurus rex*, a quelli larghi e ravvicinati degli erbivori come l'*Iguanodonte*, i denti dei dinosauri hanno molto da dirci sulle creature cui appartenevano.

I denti sono più duri delle ossa, e perciò è più facile che diventino fossili. Nel caso di alcuni dinosauri, come il *Cardiodon* ("dente a cuore") o il *Koparion* ("piccolo coltello"), le uniche notizie che ci sono giunte riguardano i loro denti.

DENTI AFFILATISSIMI

L'*Edmontosauro* ("rettile di Edmonton"), Adrosauro del Cretaceo superiore, aveva più di 1000 denti. Il becco ne era sprovvisto, mentre sulla mascella superiore e su quella inferiore erano allineate centinaia di piccoli denti affilati. Quando muoveva le fauci, i denti si bloccavano a incastro formando una larga superficie che serviva per triturare e grattugiare vegetali come aghi di conifere e ramoscelli. Quando i denti si spuntavano, ne crescevano di nuovi.

A SINISTRA *Iguanodonte*

A DESTRA *Tyrannosaurus rex*, con tutta la radice

Come lame di pugnale

Il *Carcharodontosaurus* ("rettile dai denti di squalo"), gigantesco predatore del Cretaceo superiore proveniente dal Nordafrica, aveva enormi fauci dotate di zanne spaventose e affilatissime. Questi denti triangolari, seghettati come coltelli da bistecca sia nella parte anteriore che in quella posteriore e lunghi fino a 20 cm, assomigliavano a quelli dello squalo bianco. Si pensa che il Carcharodontosaurus, le cui prede erano grandi erbivori, li usasse per strappare enormi bocconi di carne dalle sue vittime.

1. *Apatosauro*
2. *Megalosauro*
3. *Ceratosauro*
4. *Camarasauro*

SOPRA *Pelorosauro*

SOPRA *Giganotosaurus*

SOPRA *Carcharodontosaurus*

ARMATURE

SOTTO *Le straordinarie placche sul dorso di uno* Stegosauro.

EVISTI i feroci predatori che popolavano la Terra nel Giurassico e nel Cretaceo, non sorprende che molti erbivori avessero sviluppato caratteristiche di grande effetto per diventare più abili dei loro cacciatori. Da un lato i grandi Sauropodi potevano affidarsi alla loro mole per dissuadere, o perfino schiacciare, i predatori, mentre i dinosauri più piccoli dovevano sviluppare metodi di difesa più elaborati. Gli Stegosauri avevano una doppia fila di placche ossee lungo il dorso, mentre gli Anchilosauri si proteggevano dagli attacchi con incredibili corazze.

A DESTRA *Le spaventose file di spine a protezione del corpo dell'*Edmontonia.

Come carri armati

Gli Anchilosauri erano creature tozze e pesanti, quasi completamente protette da sporgenze, spine e placche ossee. Con i suoi 7 m di lunghezza, l'*Edmontonia* ("di Edmonton") era l'Anchilosauro più grande. Per colpirlo un predatore determinato doveva rovesciarlo e puntare al ventre molle, dato che il corpo e la coda di questo dinosauro erano ricoperti di placche appuntite, mentre il cranio era protetto da placche ossee. Tuttavia, la caratteristica più spaventosa erano le grandi punte che sporgevano dalle spalle. In caso di attacco, con il suo peso l'*Edmontonia* dirigeva queste armi con forza sulle zampe del predatore.

SOTTO *Una spina presa dalla spalla di un* Tuojiangosauro.

A SINISTRA *Il* Kentrosauro *si difendeva bene da predatori come il formidabile ceratosauro.*

SOTTO *L'incredibile armatura di un potente* Anchilosauro.

Lucertole e Spuntoni

Il *Kentrosauro* ("lucertola con spuntoni") era un cugino africano del più grande e più noto Stegosauro. Il collo, le spalle e il dorso erano protetti da coppie di placche ossee, mentre la parte bassa del dorso e la coda erano coperte da una doppia fila di lunghi spuntoni affilati. Un altro paio di spuntoni sporgeva dalle spalle, permettendogli di difendersi da predatori come il temibile *Ceratosauro*.

EUOPLOCEPHALUS

Uno dei dinosauri corazzati più noti è l'*Euoplocephalus*, del Cretaceo superiore. Di dimensioni simili a quelle di un piccolo elefante, questa creatura era coperta di spine e placche ossee, mentre la coda terminava con una pesante mazza in grado di frantumare le ossa dei nemici. Predatori come il Gorgosaurus avevano grosse difficoltà a raggiungere la carne morbida del suo ventre.

Dalla NASCITA alla MORTE

Eccomi di nuovo perseguitato dalle visioni, visitatore riluttante in una terra strana e aliena. Questa volta mi sono ritrovato al confine di una palude boscosa. L'aria era umida, calda e brulicante di pericolo. Mentre mi guardavo intorno, mi sono accorto di alcune creature a strisce e con la cresta che si muovevano nella mia direzione, in lontananza. Poi quegli animali si sono improvvisamente voltati e sono sfrecciati via. Tra gli alberi era comparsa una bestia colossale, che ha teso un rapido agguato a una vittima rimasta sola. Il predatore ha spalancato le immense fauci e, con un terribile ringhio, ha affondato i suoi enormi denti nel collo della preda, che scalciava affannosamente cercando di opporsi al suo tormentatore. Ma era troppo tardi, perché le poderose fauci del cacciatore si sono chiuse di colpo ancora una volta e, con un grido agonizzante, la vittima è caduta in ginocchio.

UN ESTRATTO DEL DIARIO DI EDWARD BLACKWELL,
DATATO 24 MAGGIO 1890

NIDI e UOVA

I DINOSAURI nascevano da uova, come fanno oggi gli uccelli. Fossili di uova sono stati ritrovati in tutto il mondo e, cosa incredibile, alcuni contenevano le ossa di cuccioli mai nati. Probabilmente i dinosauri di piccole dimensioni sedevano sulle loro uova per tenerle al caldo, mentre forse quelli più grandi le seppellivano, oppure si affidavano al sole e alla vegetazione putrescente che mettevano nei nidi per tenerle in incubazione. Di alcuni piccoli appena nati si occupavano i genitori, mentre altri dovevano badare a se stessi fin dalla nascita.

UOVA DA GIGANTE

Le uova di dinosauro potevano avere forme e dimensioni molto diverse: alcune erano tonde, grandi forse come una palla da rugby, altri lunghe e strette come filoni di pane. Le uova più piccole stavano nel palmo di una mano. I Sauropodi normalmente deponevano uova a forma di palle di cannone, con un diametro di 13 cm. È incredibile pensare che i cuccioli che sbucavano da queste uova diventassero dinosauri così enormi. È però vero che uova più grandi avrebbero avuto gusci più duri, che i piccoli non sarebbero riusciti a rompere.

A SINISTRA *Un cucciolo di dinosauro spunta dall'uovo.*

A SINISTRA *Un gruppo di uova di Adrosauro del periodo Giurassico.*

Asili Nidi per Dinosauri

La maggior parte dei dinosauri costruiva nidi, raschiando buchi nel terreno o circondando le uova con un bordo di fango. La scoperta di molti nidi in uno stesso sito dimostra che alcuni dinosauri deponevano le uova in colonie per proteggerle dai predatori. La *Maiasaura* ("buona madre lucertola") era un grande dinosauro del gruppo degli Adrosauri che visse nel Cretaceo superiore. Nello stato del Montana sono stati scoperti molti nidi di fango affiancati, uno dei quali perfino con resti di cuccioli, troppo grandi per essere appena nati. Ciò suggerisce che la Maiasaura si occupasse dei propri piccoli fino a quando non erano abbastanza grandi per cavarsela da soli.

SOPRA *La* Maiasaura *proteggeva le sue uova dai predatori.*

SOTTO *Molti dinosauri deponevano le uova in un buco raschiato nel terreno.*

MUTTABURRASAURO

La grande sporgenza sul muso del *Muttaburrasauro* ("lucertola di Muttaburra") serviva forse per produrre un forte suono di corno. È probabile che questo dinosauro si spostasse in branco e che usasse questi suoni per comunicare con altri membri del gruppo.

IN BRANCO

Le tracce di molti dinosauri rinvenute insieme e gli enormi "letti d'ossa" con tantissimi fossili della stessa specie rivelano che alcuni dinosauri erbivori vivevano in branchi per proteggersi. Come gli uccelli o i moderni bufali, i dinosauri in branco potevano percorrere lunghe distanze ogni anno, tornando negli stessi luoghi in cerca di calore e di cibo.

Cimiteri per Dinosauri

Nel 2010 gli scienziati hanno annunciato la scoperta del più grande "letto d'ossa" di dinosauro nella provincia dell'Alberta, in Canada. Le migliaia di ossa trovate alla rinfusa sono i resti del Centrosauro ("lucertola a punta"), dinosauro cornuto del Cretaceo superiore. Gli scienziati ritengono che questi dinosauri siano stati uccisi da una tempesta apocalittica. Anche se già in precedenza erano stati scoperti "letti d'ossa" con fossili di questa specie, le dimensioni di questo nuovo sito rivelano che molto probabilmente questi e altri dinosauri cornuti vivevano in branchi composti da migliaia di esemplari.

Bestiame del Cretaceo

Gli Adrosauri o Ornitopodi sono stati definiti "mucche del Cretaceo". Erano estremamente comuni e si spostavano in branchi giganteschi, spogliando di continuo gli alberi delle loro foglie, che maciullavano. La vita in branco creava una barriera contro i predatori affamati: probabilmente, al primo segno di pericolo questi dinosauri emettevano forti muggiti per allertare il resto del branco, cosa molto utile poiché gli Adrosauri avevano poche possibilità di difesa in caso di attacco.

INTELLIGENZA

I dinosauri hanno avuto a lungo la reputazione di creature stupide. Uno dei primi dinosauri mai scoperti e a cui sia stato dato un nome, l'immenso Stegosauro, aveva un cervello in cui la parte pensante, il cervelletto, era grande come una noce!

Chi è più intelligente?

È chiaro tuttavia che alcuni dinosauri avevano un cervello più potente di altri. I meno intelligenti erano i Sauropodi, con un cervello minuscolo rispetto al loro corpo enorme. Gli Adrosauri avevano un cervello più grande ed erano probabilmente più intelligenti di altri erbivori: vivendo in branchi, avevano una vita sociale più complessa. I carnivori dovevano avere sensi sviluppati per scovare e catturare le prede, ed erano i più intelligenti.

Un cacciatore dotato di ingegno

Il *Troodonte* ("dente che ferisce") aveva un cervello più pesante rispetto alle dimensioni del corpo, ed era forse il dinosauro più intelligente in assoluto. Questo cacciatore piccolo e agile del Cretaceo superiore aveva grandi occhi rivolti in avanti, a indicare che poteva giudicare precisamente le distanze, oltre a olfatto e udito sviluppatissimi. Questi vantaggi lo aiutavano a inseguire e catturare le sue prede. Eppure, nonostante fosse più intelligente di quasi tutti gli altri dinosauri, il Troodonte era sveglio solo come un moderno struzzo e meno intelligente di quasi tutti i mammiferi viventi oggi.

TROODONTE

Un *Troodonte* si prepara a banchettare sul gigantesco corpo di un Titanosauro. Per quanto fossero cacciatori dotati di ingegno, probabilmente i Troodonti erano anche saprofagi, e si cibavano di prede più grandi quando ce n'era l'occasione.

A CACCIA IN BRANCO

Come un branco di lupi affamati, alcuni dinosauri carnivori si univano e cacciavano in gruppo. Armati di artigli pericolosi e potenti fauci, questi cacciatori agivano furtivamente e con scaltrezza, oltre che in numero molto maggiore rispetto alle vittime, per sopraffare prede più grandi e forti.

SOPRA *Questo scheletro di* Deinonico *mostra le sue armi letali: denti affilatissimi e artigli adunchi.*

A DESTRA *Il fossile di un artiglio di* Deinonico.

Rapidi Assassini

Diversi fossili di *Deinonico* rinvenuti quasi interi vicino ai resti dell'erbivoro *Tenontosaurus* hanno portato gli scienziati a supporre che questo predatore rapido e feroce cacciasse in branchi. Forse il Deinonico e altri dinosauri a esso collegati, come il Velociraptor e lo Utahraptor, agivano in gruppo per accerchiare la loro preda in silenzio. Una volta bloccate tutte le vie di fuga, potevano aggredire la vittima prescelta usando i loro enormi artigli adunchi e le zanne affilate. Mentre divoravano la preda, questi cacciatori assetati di sangue bisticciavano sui resti e "spogliavano" velocemente il cadavere, riducendolo a uno scheletro.

A SINISTRA *Un feroce branco di* Deinonici *si chiude su un* Tenontosaurus.

GOLOSI DI PIANTE

Per un animale i vegetali sono molto più difficili da trasformare rispetto alla carne, dato che per digerire la vegetazione è necessario romperla. I dinosauri erbivori affrontavano questo problema in modi diversi.

Trasformatori di piante

I denti smussati dei grandi Sauropodi non erano adatti a masticare: ramoscelli e foglie venivano inghiottiti interi o parzialmente spezzettati. I materiali vegetali venivano poi trasformati lentamente nella enorme pancia dei Sauropodi. Gli *Adrosauri* avevano becchi duri per strappare e ingoiare la vegetazione e centinaia di minuscoli denti aguzzi disposti a gruppi. I dinosauri cornuti usavano i loro becchi appuntiti, simili a quelli dei pappagalli, per tagliare le piante dure, che macinavano con denti affilatissimi fino a ridurle in poltiglia.

Grandi mangiatori

Un enorme Sauropode come il *Brachiosauro* ("lucertola braccio") doveva consumare immense quantità di cibo solo per sopravvivere. Non dover masticare significava che questo dinosauro poteva passare tutto il suo tempo a mangiare: brucando le cime degli alberi, si rimpinzava di vegetazione usando i suoi denti a forma di cucchiaio per rompere le foglie più dure. Molti scienziati hanno tentato di spiegare perché i Sauropodi siano diventati così enormi: un motivo plausibile è che la loro mole li proteggesse dai grandi predatori carnivori. Sembra però che questi ultimi avessero finito per diventare ancora più grandi, portando i Sauropodi ad assumere dimensioni davvero colossali.

BRACHIOSAURO

Per nutrirsi, il *Brachiosauro* poteva raggiungere i 15 m di altezza tra gli alberi. Con le sue massicce zampe anteriori e il suo lunghissimo collo era forse in grado di arrivare più in alto di qualsiasi altro dinosauro.

TRICERATOPO

Il potente *Triceratopo* aveva una testa enorme, uno straordinario collare osseo, due lunghe corna sopraorbitali e un corno più piccolo sopra le narici. Le ferite rimaste visibili sui fossili rivelano che, molto probabilmente, i maschi rivali si battevano come in questa figura per conquistare una compagna o il territorio. Le corna erano quasi certamente usate anche per l'autodifesa contro predatori come il *Tyrannosaurus rex*.

FEROCI ASSASSINI

TRA i dinosauri carnivori, o Teropodi ("con zampe da bestia"), c'erano i più grandi predatori che abbiano mai abitato la Terra. Questi terrificanti assassini avevano zampe anteriori stranamente corte, zampe posteriori dotate di una potente muscolatura e massicce fauci letali. Come abbiamo già visto, però, non tutti i carnivori erano enormi e possenti. Il pericoloso *Utahraptor* ("predatore dello Utah") era un cacciatore più esile, grande come un grizzly, mentre il Mei Long ("drago che dorme") si cibava di insetti ed era grande all'incirca come un'anatra.

SOPRA *Ciascuna zampa del* Tyrannosaurus rex *aveva tre spaventosi artigli sulle dita. Un quarto artiglio piccolo e innocuo sporgeva di lato.*

SOTTO *Lo* Utahraptor *aveva fauci con denti pericolosamente affilati.*

RE TIRANNO

Il *Tyrannosaurus rex*, il più famoso e temuto carnivoro mai apparso sul nostro pianeta, era lungo 12 m, alto 5 m e pesava circa 6 tonnellate. Questo mostro aveva fauci di un'immensa potenza e oggi non avrebbe problemi a inghiottire un uomo intero. Le zampe anteriori erano minuscole rispetto alla sua mole: alcuni scienziati suggeriscono che fossero troppo corte per tenere strette le prede e che questo dinosauro fosse in realtà saprofago, cioè che si cibasse di animali già morti. Tuttavia la maggior parte degli scienziati ritiene che, come il leone dei nostri giorni, il *Tyrannosaurus rex* fosse un cacciatore spaventoso che diventava saprofago quando ce n'era la possibilità.

A SINISTRA *Il* Giganotosaurus, *addirittura più grande del* Tyrannosaurus rex, *si avvicinava furtivamente alla preda e la afferrava con i suoi artigli e le sue fauci dotate di zanne.*

Cacciatori potenti

Anche se il *Tyrannosaurus rex* è di gran lunga il più famoso predatore, altri dinosauri carnivori erano ancora più grandi. Il Giganotosaurus ("lucertola gigante del sud"), che visse in Sudamerica durante il periodo Cretaceo, era più grande e più pesante del *Tyrannosaurus rex*, anche se aveva un cervello più piccolo e fauci meno potenti.
Lo Spinosauro del Cretaceo superiore è stato forse il teropode più grande in assoluto. Si è stimato che fosse lungo circa 16 m e che sul dorso avesse una "pinna" alta almeno 1,6 m. Le fauci e i denti di questo gigante erano adatti per cacciare pesci, anche se probabilmente sarebbero stati abbastanza potenti anche per catturare dinosauri di medie dimensioni.

Fauci da coccodrillo

Il *Barionice* ("pesante artiglio") era un dinosauro del Cretaceo inferiore, scoperto per la prima volta in Inghilterra. Aveva un muso allungato simile a quello di un coccodrillo e denti serratissimi per stringere pesci grandi e viscidi. Prende il nome dall'enorme artiglio che ha sul pollice di ciascuna zampa anteriore, probabilmente usato per uncinare e sollevare le prede dall'acqua.

SOTTO *Gli enormi artigli adunchi del* Barionice.

TYRANNOSAURUS REX

Un *Tyrannosaurus rex* serra le sue immense fauci intorno al collo di un Ipacrosauro che si dibatte. L'incredibile morso di questo predatore era più potente di quello di qualsiasi altro dinosauro, anzi di qualsiasi animale terrestre venuto prima e dopo di lui.

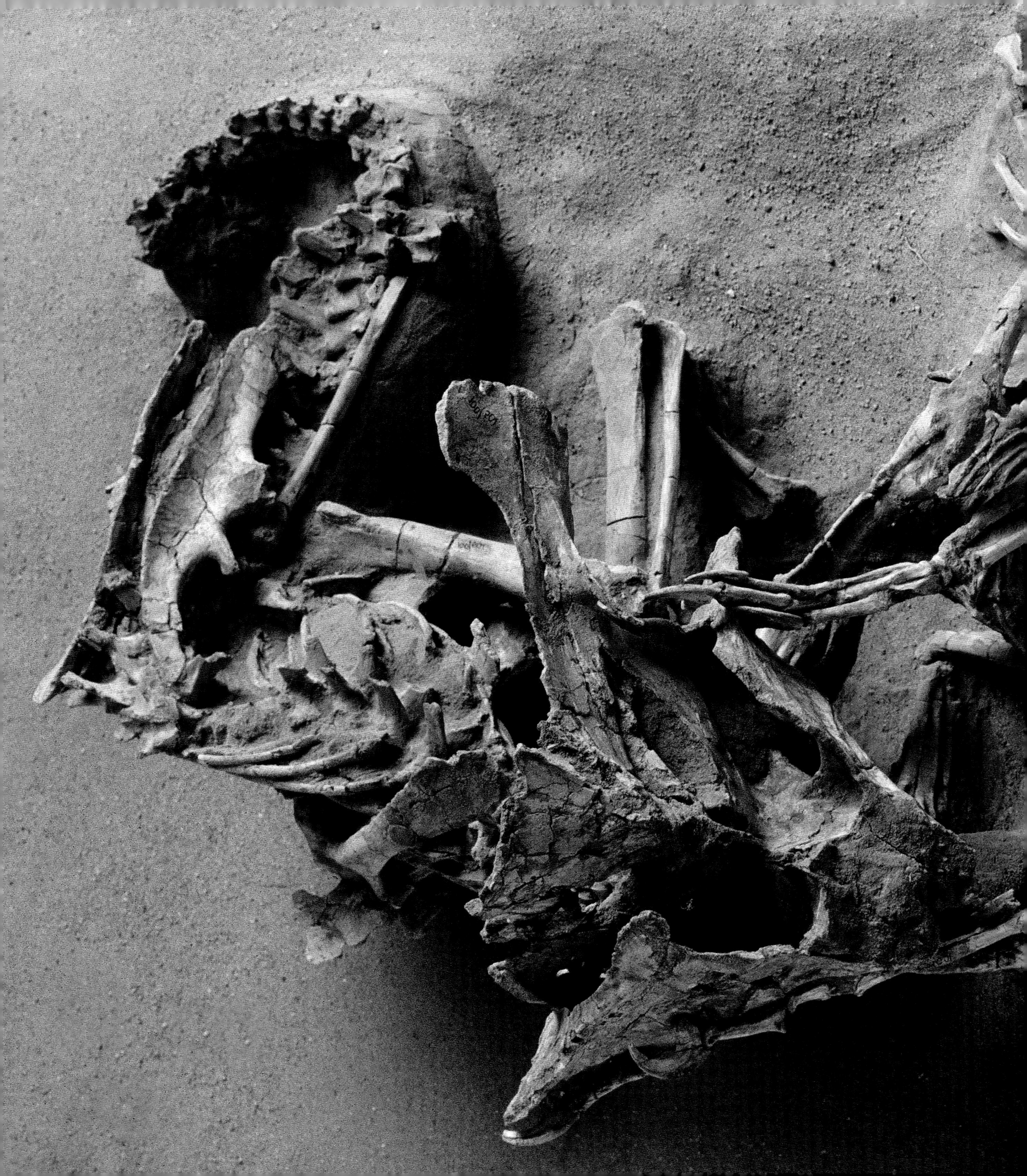

LOTTA FINO ALLA MORTE

Nel 1971, uno dei più incredibili fossili mai scoperti rivelò un *Velociraptor* apparentemente impegnato in una lotta con un *Protoceratops* ("primo muso fornito di corno") nel deserto del Gobi, in Mongolia.

I fossili mostrano che il *Velociraptor* aveva afferrato il muso della sua vittima e che tirava calci violenti alla gola con il suo massiccio artiglio posteriore. Il *Protoceratops* aveva risposto bloccando la zampa del predatore con il suo becco aguzzo, nel disperato tentativo di salvarsi.

Un attimo prima questi due dinosauri stavano lottando fino alla morte, e un attimo dopo sembra siano stati soffocati dal cedimento di una duna di sabbia che li uccise entrambi all'istante.

MORTE ed ESTINZIONE

I dinosauri prosperarono per oltre 160 milioni di anni. Poi, 65 milioni di anni fa, scomparvero tutti improvvisamente a eccezione dei piccoli Teropodi piumati che oggi chiamiamo uccelli. Oltre metà delle specie sulla Terra, tra cui i grandi rettili marini e gli Pterosauri, perirono insieme ai dinosauri. Quale evento catastrofico potrebbe aver avuto conseguenze tanto disastrose?

Collisione fatale

La maggior parte degli scienziati oggi concorda sul fatto che a causare l'estinzione di massa dei dinosauri sia stato un enorme impatto dallo spazio. Un asteroide largo 10-15 km si sarebbe schiantato sulla Terra a Chicxulub, nella penisola messicana dello Yucatan. Si stima che la conseguente esplosione sia stata un miliardo di volte più potente di una bomba atomica. L'impatto avrebbe generato vastissimi incendi, enormi terremoti, vulcani e tsunami. Nuvole di polvere avrebbero coperto il sole per mesi, lasciando il pianeta avvolto nell'oscurità e facendo arrivare l'inverno in tutto il mondo. I dinosauri semplicemente non furono in grado di adattarsi a condizioni così terribili: il loro regno era terminato.

MISTERO A HELL CREEK

I PALEONTOLOGI che hanno rinvenuto i resti fossili di un *Tyrannosaurus rex* nella formazione Hell Creek, in Montana, hanno fatto un macabro ritrovamento: un membro del team ha scoperto ossa umane sparse vicino all'attuale sito degli scavi.

All'inizio si è pensato che si trattasse dei resti di un animale selvatico, ma quando è stato chiaro che erano umani, la polizia e un paleontologo sono stati chiamati a indagare. Sono state rinvenute solo poche ossa, che da una prima analisi sembrano essere quelle di un maschio adulto tra i 30 e i 40 anni, morto oltre 100 anni fa.

Nelle vicinanze gli investigatori hanno rinvenuto anche un martello di pietra del XVIII secolo, che potrebbe essere appartenuto alla persona in questione. Estremamente eroso dalle intemperie, sembra che riporti l'iscrizione delle iniziali "EAD" o "EAB". È tuttavia impossibile essere certi di chi fosse il proprietario, dato che a Hell Creek si sono svolti numerosi scavi.

La professoressa Joanna Stevens, che stava conducendo lo scavo, ha così descritto il suo shock al momento di questa scoperta fortuita: «Siamo venuti qui per recuperare i resti di un dinosauro di 70 milioni di anni, e di sicuro non ci aspettavamo di trovare resti umani. È senza dubbio un mistero affascinante».

RINGRAZIAMENTI

Il mio grazie sincero e il mio apprezzamento vanno alle persone elencate di seguito, senza le quali questo libro non avrebbe mai visto la luce:

a diversi membri della mia famiglia, in particolare Arthur e Jean Blackwell, James ed Emma Blackwell, Sandra Caldwell e Laura Doulton, per aver condiviso i loro ricordi e le loro conoscenze con me nel tentativo di ricomporre la storia di Edward Blackwell; al paleontologo Darren Naish per le verifiche rigorose dei fatti e per i suoi utili consigli; al mio editor Barry Timms per le sue preziose indicazioni; a Russell Porter, Clare Baggaley, Ceri Hurst e Alison Tutton per il magnifico lavoro grafico; a Drew McGovern per il suo abile lavoro con Photoshop; a Andrew Kerr per le illustrazioni sorprendentemente realistiche; a Stuart Martin per i meravigliosi disegni a matita; a Ben White per l'ottima ricerca iconografica; a Kate Pimm per la bellissima produzione.

Infine, vorrei rendere omaggio al mio bisnonno, Edward Blackwell, che con i suoi scritti è stato la mia prima fonte di ispirazione e con la sua eccezionale storia ha conquistato la mia immaginazione. Senza di lui e la sua passione per i dinosauri, questo libro non esisterebbe.

Archie Blackwell

Un libro Carlton

Titolo originale: DINOWORLD

Via Milano 73/75 - 20010 Cornaredo (MI)
Tel. 02 99762433 - Fax 02 99762445
e-mail: info@ilcastelloeditore.it - www.ilcastelloeditore.it

Direzione generale: Luca Belloni
Direzione editoriale: Viviana Reverso

Seconda edizione: gennaio 2014

Traduzione: Silvia Cavenaghi
Revisione a cura della redazione de Il Castello srl
Elaborazione testi a computer: Elena Turconi

FMAMJJASOND/14/1017
Stampato a Dongguan, Cina

CREDITI FOTOGRAFICI

L'editore ringrazia le seguenti fonti per la gentile concessione di riprodurre le immagini in questo libro.

AMNH: 24s, 76, 32-33

Alamy Images: /Leonello Calvetti: 69a, /Phil Degginger/Carnegie Museum: 17a, /Eddie Gerald: 76-77, /Leslie Garland Picture Library: 44 bd, /Nancy G Stock Photography: 38-39, /Alex Ramsay: 68ad, /Lana Sundman: 40s, 62ad, 40-41,

Corbis: /Sanford/Agliolo: 74-75, /Jonathan Blair: 16, /DK Limited: 35bd, 69bd, /Walter Geiersperger: 40as, /Chris Hellier: 29bs, /Jean-Baptiste Rabouan/Hemis: 78-79, /Louie Psihoyos: 24b, 42, 43, 44as, /Louis Psihoyos: 5a, 72-73, /Kimimasa Mayama/Reuters: 68bs, /Visuals Unlimited: 21b, 34-35a

Getty Images: 45d, /Dorling Kindersley: 37bd, /Colin Keates: 37a, /National Geographic: 51, /Louie Psihoyos: 20b, 29bd, 44c, /Science & Society Picture Library: 25

istockphoto.com: 5ad, 5d, 5b, 9as

Natural History Museum: 29as, 35as, 37s, 44bs, 45bs, 34-35b, 46-49, /Anness Publishing Ltd: 35ad

Photolibrary.com: 12-13, /Peter Arnold Images: 21a

Private Collection: 28

Science Photo Library: 13bs, /Carlos Goldin: 44b, /Ted Kinsman: 20a, /Martin Sheilds: 21d, /Sinclair Stammers: 56-57

Stock.XCHNG: 4c

thinkstockphotos.com: 4bs, 12, 13b, 17bd, 41, 22-23

Topfoto.co.uk: /Granger Collection: 13d, /National Pictures: 9b

Yale University: 62s

È stato fatto ogni sforzo per citare correttamente e contattare la fonte e/o i detentori del copyright di ciascuna immagine e Carlton Books Limited si scusa per eventuali errori o omissioni non intenzionali, che provvederà a correggere nelle future edizioni del libro.